Peter Hamacher (Hrsg.)

Witzige Weihnachtssketche

für das Schultheater

Stolz Verlag
Edition Lendersdorfer Traumfabrik

www.stolzverlag.de

Kein Auto

Personen: Anna, Bärbel, Andreas, Karlheinz, Willi, Sabine, Karin, Fußgänger, kleiner Junge, beliebig viele Statisten

Requisiten: Verkehrsschild „Achtung, Kinder", Straße angedeutet, Winterkleidung, Schultaschen

An einem Straßenübergang vor der Schule. Kinder überqueren in Gruppen die Straße. Sie halten vor der Fahrbahn an, schauen nach links und nach rechts und gehen dann hinüber. Nachdem einige Gruppen das stumm, sich nur pantomimisch unterhaltend, getan haben, kommen Anna, Bärbel und Andreas. Sie unterhalten sich laut. Dann schauen sie nach links und rechts, und überqueren die Straße. An derselben Straßenseite steht ein kleiner Junge mit einem großen Ranzen auf dem Rücken. Er steht die ganze Zeit über da und sagt nichts, schaut zunehmend verzweifelt.

Anna, Bärbel, Andreas

Anna Ich bin richtig froh, dass wir wieder Schule haben. Zu Hause ist es doch auf Dauer langweilig.

Bärbel Das kann ich aber nicht sagen. Es waren immer zwölf Personen da. Und das alles nur wegen mir.

Andreas Gib nicht so an.

Bärbel Ich gebe nicht an. Ich habe meiner Mutter nämlich ein Teeservice für z w ö l f Personen geschenkt!

Anna Pah! Als ob das etwas Besonderes wäre.

Andreas Genau. Ich hab' nämlich meiner Mutter etwas viel Tolleres geschenkt.

Bärbel und **Anna** Was denn?

Andreas Ein Teesieb für v i e r u n d z w a n z i g Personen!

Sie gehen über die Straße, der kleine Junge bleibt stehen und schaut stirnrunzelnd hinterher.

Karlheinz, Willi

Karlheinz Und was hast du gekriegt, Willi?

Willi Eine Trompete. Von Tante Elli.

Karlheinz Mensch toll, sowas hätte ich auch gern. Aber mein Vater hat gesagt, einen solchen Krach möchte er sich zu Hause nicht den ganzen Tag anhören.

Willi	Wir haben eine ganz gute Lösung gefunden. Ich habe meinen Eltern versprochen, nur dann zu üben, wenn sie schlafen, oder wenn Tante Elli zu Besuch da ist.

Die Kinder überqueren die Straße. Der kleine Junge bleibt zurück, ungeduldig von einem Bein aufs andere tretend.

Sabine, Karin

Sabine	Also, Karin, ich muss mal mit dir reden. Ich werd' noch verrückt. Seit dem 6. Dezember schlaf ich nicht mehr richtig.
Karin	Aber wieso das, was ist los?
Sabine	Ich hab' solche Angstzustände. Kaum habe ich mich abends ins Bett gelegt, stehe ich mindestens zwanzigmal wieder auf und schaue unter das Bett.
Karin	Warum das? Was ist denn mit dem Bett?
Sabine	Ich meine immer, da ist einer drunter.
Karin	Und wer soll denn das sein?
Sabine	Na, der Knecht Ruprecht oder einer von den schwarzen Gesellen, die mit ihm herumlaufen.
Karin	Ach so. Klar, dann ist es natürlich Essig mit Schlafen. Aber, Sabine, ich weiß einen Trick.
Sabine	*(erwartungsvoll)* Mensch, Karin, wenn du mir helfen könntest. So geht das nicht weiter. Ich will nicht mehr dauernd unter das Bett schauen müssen.
Karin	Also, säge doch einfach die Bettfüße ab!

Die Kindergruppen sind fort. Der Junge steht noch immer an derselben Stelle wie am Anfang. Jetzt beginnt er bitterlich zu heulen. Ein Fußgänger kommt vorüber.

Fußgänger	*(beugt sich besorgt zu dem schluchzenden Jungen)* Aber mein Junge, was weinst du denn so furchtbar?
Junge	Weil kein Auto kommt!
Fußgänger	Will dich deine Mutter abholen?
Junge	Neeeein.
Fußgänger	Welches Auto soll denn kommen?
Junge	Eben irgendeines. Huhu.

Fußgänger	Das versteh ich nicht. Kannst du mir erklären, was los ist?
Junge	Na, da war doch der Weihnachtsmann bei uns, und er hat gesagt, ich soll gut aufpassen, weil ich jetzt nach den Ferien zu Fuß zur Schule gehe. Er hat gesagt, über die Straße darf ich erst dann gehen, wenn das Auto schon vorbeigefahren ist. Das hab ich versprochen. Aber es kommt doch kein Auto ... huhuh.

ENDE

Weihnachtspost

Personen: Schalterbeamter, Junge, Mann, Dame, Statisten

Requisiten: Postschalterambiente, Pakete, Briefe, „Stempel"

Im Schalterraum eines Postamtes. Mehrere Personen warten vor dem Schalter, alle wollen etwas aufgeben: Pakete, Briefe usw. Der Junge hat einen dicken Brief in der Hand. Er steht an dritter Stelle in der Warteschlange.

Mann *(steht am Schalter)* Ich möchte dieses Paket aufgeben.

Schalterbeamter *(hebt das Paket hoch)* Uff! Was ist denn da drin? Steine?

Mann Das geht Sie gar nichts an.

Schalterbeamter Da haben Sie recht. *(klebt etwas auf das Paket und stempelt es ab)* Macht 20 Euro 56.

Mann Mann! Wieso ist das denn so teuer?

Schalterbeamter Das geht Sie gar nichts an.

Mann Werden Sie mal nicht frech. *(zahlt umständlich und geht dann grußlos ab)*

Dame Ein Kilo Eier, bitte.

Schalterbeamter Eier? Sie sind hier auf dem Postamt, gnädige Frau!

Dame Ja, klar. Ich will sowieso g e l b e Eier!

Schalterbeamter Der nächste bitte.

Dame *(lässt sich nicht beirren)* Bitte, ein Kilo Eier!

Schalterbeamter Eier verkauft man nach Stück.

Dame Also, dann bitte 12 Stück gelbe Eier.

Schalterbeamter Wir haben keine gelben Eier.

Dame Na, dann geben Sie mir eben rote.

Schalterbeamter Hier ist ein Formular, füllen Sie es bitte aus.

Dame Sie sind aber gar nicht hilfsbereit, junger Mann. Ich werde mich über Sie beschweren.

Schalterbeamter Tun Sie das. Die Eierbeschwerdestelle ist im ersten Stock.

Rauscht beleidigt davon. Der Junge mit dem Brief tritt an den Schalter heran.

Junge *(reicht den Brief über den Schalter)* Diesen Brief hier wollte ich aufgeben. Er ist an das Christkind.

Schalterbeamter Ah, ein Wunschbrief, nicht wahr? Gib mal her. *(legt den Brief auf eine Waage)* Das macht ein Euro fünfundvierzig Cent.

Junge *(erschrickt)* Waaas? So viel? Ich dachte, das kostet fünfundfünfzig Cent.

Schalterbeamter Ja, ein Normalbrief kostet soviel. Dieser ist 50 Gramm zu schwer.

Junge *(kramt in seinen Taschen)* Oh. Ich hab nur einen Euro zehn Cent.

Schalterbeamter Dann tut es mir leid. Diesen Brief können wir für dieses Geld nicht befördern. Er kostet ein Euro fünfundvierzig.

Junge Und wenn ich den Brief leichter mache?

Schalterbeamter Dann kostet er weniger.

Junge Okay, mach ich. *(zieht sich mit dem Brief in eine Ecke zurück, packt ihn aus und macht etwas damit, was das Publikum nicht sieht, weil er mit dem Rücken zu diesem steht)*

Inzwischen können noch ein oder zwei Personen abgefertigt werden, einfach pantomimisch oder mit einem Text, den man selbst gestalten kann. Dann ist der Junge wieder an der Reihe.

Junge So, hier ist der Brief.

Schalterbeamter Hast du was rausgenommen?

Junge Ja.

Schalterbeamter *(legt den Brief auf die Waage)* Aber der ist doch noch genauso schwer wie eben! Es macht immer noch ein Euro fünfundvierzig.

Junge *(weinerlich)* Das versteh ich aber nicht! Den Papagei habe ich rausgestrichen. Der war doch bestimmt 50 Gramm schwer!

ENDE

Letzte Deutschstunde im Advent

Personen: Lehrer, Max, Hilde, Rudi, Sigi, Kurt, Ria, Michael, Bärbel

Requisiten: keine außer Schulmöbel, Schultaschen etc. Klassenzimmeratmosphäre

Eine Schulklasse. Die Kinder sitzen und schreiben fleißig an ihren Wunschlisten. Der Lehrer geht durch die Reihen und schaut ihnen über die Schulter.

Lehrer *(bleibt bei Ulf stehen)* Max, weshalb hast du „Tun n e l l“ *(Betonung auf der zweiten Silbe)* geschrieben?

Max Ja, weil ich mir das wünsche zu Weihnachten. Für meine Modelleisenbahn.

Lehrer Ich meine die zwei l. Du musst ein l wegstreichen, Max.

Max *(kratzt sich am Kopf)* Okay, mach ich. *(nach einer Pause)* Herr Maxwell, ich weiß nicht, welches l ich wegstreichen soll.

Jetzt meldet sich Hilde. Der Lehrer ruft sie auf.

Hilde Schreibt man Schifffahrt mit zwei oder mit drei f?

Lehrer Mit drei. Aber was soll das Wort auf deiner Wunschliste? Es gehört da nicht hin. Die Schifffahrt kann man sich nicht wünschen, das ist etwas Abstraktes.

Hilde Wieso denn das? Ich wünsche mit eine Schifffahrt auf der Donau. Wieso soll das abstrakt sein?

Lehrer Das kannst du dir nicht wünschen.

Hilde Kann ich doch.

Lehrer Kannst du nicht. Es ist nicht möglich.

Hilde Das sag ich meinen Eltern.

Rudi *(Sitznachbar von Hilde)* Mit drei f, Hilde, mit d r e i f!

Hilde boxt ihn leicht in die Rippen.

Lehrer Was sich Hilde wünscht, heißt anders. Sie wünscht sich eine Schiffsreise.

Hilde Nein, ich fahre. Mit drei f.

Lehrer Tu, was du nicht lassen kannst. *(zur Klasse)* So, sind eure Wunschbriefe jetzt fertig? Wir haben noch ein wenig

	Zeit, bis die Stunde um ist. Erzählt mir mal, wie ihr zu Hause Advent und Weihnachten feiert.
Sigi	Wir haben einen schönen Adventskranz mit vier roten Kerzen. Die sind jetzt fast runtergebrannt. Nur die vierte Kerze ist noch lang. Die brennen wir vor Weihnachten auch noch ab.
Kurt	Dazu weiß ich ein schönes Gedicht!
Lehrer	Sag es.
Kurt	Advent, Advent, ein Lichtlein brennt –
alle Kinder	*(stöhnen)* Ehh, haaa – wie öde, das kennen wir usw.
Lehrer	Ruhe! Kurt, sprich weiter.
Kurt	dann zwei, dann drei, dann vier ... *(Mitschüler stöhnen weiter und fallen dann im Chor ein)*
alle	... dann steht das Christkind vor der Tür.
Kurt	Das heißt anders.
Lehrer	Dann red!
Kurt	Und wenn der ganze Christbaum brennt, dann steht die Feuerwehr vor der Tür.
alle	*(ironisch)* ha ha ha
Ria	Herr Lehrer, ich weiß ein Wort mit vier tz.
Michael	Das ist doch auch ein alter Hut. Das ist die Atzventzkrantzkertze.
Bärbel	Ich weiß aber eines mit fünf tz.
Lehrer	So ein Wort gibt es gar nicht.
Bärbel	Doch. Das Wort heißt Atzventzkrantzkertzenglantz.

Es schellt. Vorhang.

ENDE

Der bestohlene Weihnachtsmann

Personen: Weihnachtsmann, Wächter, Brune, Richartz

Requisiten: Schreibtisch, Papier, Stift, Gegenstand zum Stolpern, Türgeräusche (Schlüsseldrehen, Öffnen, Schließen)

Der abgedunkelte Bühnenraum ist leer. Der Weihnachtsmann, in schwarzer Robe, mit schwarzem Bart, kommt langsamen Schritts herein, auf dem Rücken schleppt er einen prall mit Geschenken gefüllten Sack. Als er über einen Gegenstand stolpert, poltert und kracht es oder klirrt.

Wächter *(kommt herbeigeeilt)* Ja, wen haben wir denn da? Halt! Bleiben Sie stehen! Hände hoch!

Weihnachtsmann Kann ich nicht.

Wächter Was heißt: Kann-ich-nicht?

Weihnachtsmann Kann ich nicht. Meine Hände halten den Sack.

Wächter Dann stell den Sack auf die Erde.

Weihnachtsmann Ich muss zu den Kindern.

Wächter Red keinen Unsinn, stell sofort den Sack hin.

Weihnachtsmann Wieso sind Sie so frech zu mir? Also gut. *(lässt ächzend den Sack auf die Erde)*

Wächter Hände hoch!

Weihnachtsmann Also ... *(hebt kopfschüttelnd die Hände über den Kopf)* Was soll denn das?

Wächter Hier einbrechen im Kaufhaus, das haben wir gern!

Weihnachtsmann Kaufhaus? Im Kaufhaus bin ich? *(schlägt sich an die Stirn)* Da bin ich ja völlig falsch gelandet. Ich dachte mir's gleich, weil der Kamin so groß und breit war. Nicht einmal Ruß habe ich in die Nase bekommen.

Wächter Da ist also die Schwachstelle. Das muss ich morgen sofort dem Sicherheitsbeauftragten melden *(notiert sich das auf einem Zettel)*.

Weihnachtsmann Klar, dass ich das Wohnzimmer nicht gefunden habe.

Wächter Ganze Wohnzimmer klauen, das fehlte noch! Jetzt kommst du erst mal mit auf die Wachstube. Dort werden

	wir deine Personalien festhalten. Nimm den Sack, hopp, hopp!
Weihnachtsmann	Aber –
Wächter	Nichts aber!
Weihnachtsmann	Ich komme zu spät, wenn ich nicht gleich –
Wächter	Wenn du nicht gleich mit mir kommst, dann krachts!
Weihnachtsmann	Also gut. Die Kinder müssen auch mal warten lernen.

Der Wächter geht vor, der Weinachtsmann kommt mühsam hinter ihm her, den Sack hat er wieder geschultert. Der Wächter murmelt in sich hinein, während sie auf der Bühne eine Runde drehen: So ein Blödmann, Kinder, was der für einen Unsinn redet. Ob der einen zuviel hinter die Binde gekippt hat? Wie der auch aussieht ... (und ähnliches)

Wächter	So, da wären wir! *(ruft laut)* Herr Brune! Herr Richartz! Wir haben einen Klienten hier! Stellt mal das Diebesgut sicher!

Zwei Männer kommen und holen den Sack von der Bühne. Der Weihnachtsmann protestiert und will den Sack festhalten, es kommt zu Handgreiflichkeiten. Schließlich wird der Weihnachtsmann auf einen Stuhl gedrückt.

Weihnachtsmann	Das ist kein Diebesgut! Und das sag ich Ihnen, Sie alle bekommen nie mehr was von mir gebracht!

Die Männer lachen schallend über diesen Satz. Brune und Richartz schleifen den Sack hinaus.

Wächter	So, jetzt fangen wir an. Wer bist du?
Weihnachtsmann	Der Weihnachtsmann.
Wächter	Dann bin ich das Christkind.
Weihnachtsmann	*(kichert)* Ziemlich unwahrscheinlich. Ich habe es eben noch gesehen. Es sieht ganz anders aus.
Wächter	Klappe. Der Weihnachtsmann sieht auch anders aus. Also noch einmal: Wie heißt du?
Weihnachtsmann	Weihnachtsmann. Ich bin ja nur vom Ruß so schwarz. *(zupft und klopft an seiner Robe herum)*
Wächter	Also gut. Die Identität finden wir heraus. Was hast du mitten in der Nacht im Kaufhaus Allrausch zu suchen?
Weihnachtsmann	Heute ist der 24. Dezember!
Wächter	Das weiß ich auch. Was du hier suchst, will ich wissen.

Weihnachtsmann Die Familie Seibold.

Wächter Was?

Weihnachtsmann Seibold. Zu Heidi und Michel Seibold will ich.

Wächter Heidi? Michel? Seibold? *(wendet sich ab und murmelt für sich)* Komisch, ich heiße Seibold, und meine Kinder heißen Heidi und Michel. Der kommt mir komisch vor.

Weihnachtsmann Bitte, darf ich gehen. Michel und Heidi warten auf mich. Sie müssen hier in der Nähe wohnen.

Wächter Der Typ wird mir unheimlich. Ich wohne tatsächlich in derselben Straße, in dem dieses Kaufhaus steht.

Weihnachtsmann Ich hab mich nur im Kamin vertan.

Wächter *(rafft sich auf)* Schluss jetzt! Ich glaube ich werde auch schon ganz konfus. Kannst du dich ausweisen?

Weihnachtsmann Ausweisen? Abschieben?

Wächter Depp. Deinen Ausweis will ich sehen.

Weihnachtsmann *(ist ziemlich entrüstet)* Also ... *(kramt dann in seinem Rock und zieht ein Kärtchen heraus, gibt es dem Wächter)*

Wächter *(hält das Kärtchen in Augenhöhe, liest)* Weih-nachts-mann, geboren 1800, wohnhaft im Himmel. *(schreit zornig)* Jetzt reicht's! Ich lasse dich von der Polizei abholen!

Der Wächter steht auf und schiebt den Weihnachtsmann von der Bühne. Man hört im Hintergrund eine Tür knallen und einen Schlüssel drehen. Der Wächter kommt auf die Bühne zurück. Sein Handy klingelt. Zuhörpausen machen!

Wächter Ja, hier Seibold. Ach du, Kathrin! – Ach was! Noch nicht? – Aber das ist doch ... – Ja, ich weiß warum. – Das erkläre ich dir später. Sag den Kindern, es geht gleich los. Noch ein wenig Geduld.

Der Wächter stürzt hinaus. Man hört wieder Schlüsseldrehen, Türöffnen, Schritte. Wächter und Weihnachtsmann kommen zurück auf die Bühne.

Weihnachtsmann Aua, Sie tun mir weh!

Wächter Entschuldigen Sie, lieber Weihnachtsmann!

Weihnachtsmann Wie? Was? Wie soll ich das denn nun schon wieder verstehen?

Wächter	*(schreit)* Brune! Richartz! *(die Männer sind sofort zur Stelle)* Den Sack! Holen Sie sofort den Sack wieder her!
Brune	Den Sack?
Richartz	Den Sack? Welchen Sack?
Wächter	Na, den Sack vom Weihnachtsmann!
Brune + Richartz	Das geht nicht.
Wächter	Wieso geht das nicht?
Brune	Weil eben einer da war und den Sack geholt hat.
Wächter	Und ihr habt den Sack einfach herausgegeben?
Richartz	Klar. Das war doch der Weihnachtsmann!
Wächter	*(schreit)* Woher wollt ihr das denn so genau wissen?
Richartz	Weil er es gesagt hat.
Wächter	*(rauft sich die Haare)* Ihr glaubt aber auch jeden Mist!
Weihnachtsmann	*(Lacht wie irre)* Dann kann ich wohl gehen.
Wächter	*(jammert)* Meine armen Kinder!

Alle vier gehen ab, der Wächter jammernd, der Weihnachtsmann lachend, Brune und Richartz betröppelt.

ENDE

Himmlische Demo

Personen: Chef der Weihnachtsmänner (Chef WM), 1. Besucher, 2. Besucher, jede Menge protestierender Engel

Requisiten: Geschenke-Verpackungs-Maschine (angedeutet aus Pappe), ein halbes Dutzend kleinere und größere Geschenkpakete, Transparente und Schilder mit großer Aufschrift für die Demo – die Beschriftung mit vielen Rechtschreibfehlern.

Im Himmel wird seit Jahren rationalisiert. Für das Verpacken der vielen Geschenke werden immer leistungsfähigere Maschinen aufgestellt. Während vormals die Engel den Weihnachtsmännern beim Einpacken geholfen haben, erledigt das jetzt die Maschine vollautomatisch. Die Engel aber sind unzufrieden, sie vermissen ihre Arbeit, das gemütliche Zusammensitzen und Kaffeetrinken in den Arbeitspausen. Sie kommen sich reichlich überflüssig vor und demonstrieren.
Der Sketch spielt in der Geschenke-Verpackungs-Halle. Am Rand der Bühne erkennen die Zuschauer eine Maschine. Daneben steht ein Stapel Pakete. Zwei Besucher von einem anderen Stern sind gekommen, um die Maschine zu begutachten. Während der Chef der Weihnachtsmänner ihnen alles erklärt, erleben wir eine Demo der unzufriedenen Engel.

Chef WM *(führt die etwas seltsam aussehenden Besucher herein)* Es freut mich sehr, dass Sie den weiten Weg vom Planeten Ergeo hergekommen sind, um unsere Geschenke-Verpackungs-Anlage anzusehen! Sie ist unser ganzer Stolz: Diese Maschine kann in einer Minute 1.356 Geschenke verpacken. *(sehr betont)* 1.356!

1. Besucher In Seidenpapier?

Chef WM In Seidenpapier, in Metallfolie, was man eben so wünscht. Man kann aber alle möglichen Verpackungsmaterialien wählen.

2. Besucher Und die Schleifen?

Chef WM Natürlich bindet diese Maschine auch kunstvolle Schleifen. *(greift in den Paketestapel)* Schauen Sie!

Die Besucher begutachten die Pakete und äußern sich staunend und zustimmend.

1. Besucher *(zeigt Paket)* Und das macht alles diese Maschine?

Chef WM Alles! Es ist nur eine Person nötig, um die Maschine zu beaufsichtigen. Alles vollautomatisch.

1. Besucher Wie habt ihr das denn früher gemacht?

Chef WM Noch vor zehn Jahren saßen wir hier alle zusammen, die

Engel, die Weihnachtsmänner. Wochenlang wurde nichts anderes getan als Geschenke verpackt. Heute muss sich niemand mehr die Finger wundarbeiten. Aber komischerweise sind sie nicht zufrieden.

2. Besucher Wer ist nicht zufrieden? Die Menschen?

Chef WM Nein, nein, die Engel. Die Engel motzen.

2. Besucher Wieso das denn? Die haben doch den Vorteil?

Chef WM Möchte man meinen.

1. Besucher *(betastet die Maschine, reckt den Kopf und schaut)* Wie groß ist diese Geschenke-Verpackungs-Maschine denn?

Chef WM Ich zeige sie ihnen. *(geht mit den Besuchern von der Bühne, man hört ihn mit zunehmender Entfernung immer leiser sprechen)* Hier geht es weiter. Da sind die Papierrollen angebracht, und hundert Meter weiter haben wir den Einfüllstutzen für ...

Die Bühne ist für einen Moment lang leer. Dann hört man Lärm, und die protestierenden Engel kommen mit Transparenten und Tafeln herein. Sie stellen sich im Halbkreis auf, halten die Tafeln hoch und skandieren ihre Forderungen:

WIR WOLLEN KEINE STÄHRNE PUZEN!

RISCHTIGE ARBAIT FÜHR ALLE!

WIR PROHTESTIREN!

MÄHR GELLD FÜHR ENNGEL!

FORRT MIT DEN MASCHIENEN!

Der Chef WM und seine Besucher kommen wieder zurück auf die Bühne. Die Engel verstummen und stehen nur still da mit ihren Schildern und Spruchbändern.

1. Besucher Das ist ja ...

2. Besucher So etwas haben wir noch nie gesehen!

Chef WM *(gelassen)* Ach, das geht jedes Jahr so. Die beruhigen sich schon wieder!

2. Besucher Ist das denn jedes Jahr so schlimm? *(deutet auf Transparente)*

Chef WM *(lacht)* Oh nein! Probleme gibt es erst, seit wir im Himmel ein dickes, gelbes Buch angeschafft haben.

2. Besucher Ein dickes, gelbes Buch?

Chef WM Na, den *(deutlich, laut)* Du-den!

ENDE

Weihnachtsbaum-Notdienst

Personen: Vater, Mutter, Tochter, Sohn, acht Engel

Requisiten: Großer Tannenbaum (echt oder Attrappe), Ständer, Besen, Kehrblech, Porzellanscherben, Mobiltelefon, Telefonbuch

Heiliger Abend. Der Weihnachtsbaum soll gerade aufgestellt werden.

Vater *(hält den Weihnachtsbaum fest)* Wo bleibst du denn mit dem Christbaum-Ständer?

Sohn *(von hinter der Bühne)* Ich kann ihn nicht finden.

Mutter *(räumt im Zimmer auf, ruft)* Im großen Schrank. Hinter dem Geschirr.

Man hört ein plötzliches Klirren und Scheppern von zerschellendem Porzellan.

Sohn Ich habe ihn!

Mutter *(stöhnt)* Oh nein, das gute Service!

Sohn *(kommt mit Christbaum-Ständer auf die Bühne)* Also, ich fand es immer schon voll hässlich.

Vater Stell endlich den Ständer hin!

Der Sohn stellt den Ständer auf den Boden.

Mutter *(geht hinter die Bühne, jammert)* Das gute Service, alles Scherben. Bernd, hol Besen und Kehrblech und mach die Scherben weg!

Bernd *(geht ab)* Immer ich!

Vater Sabine, hilf mir mal!

Vater und Tochter stellen den Baum in den Ständer, doch der Baum kippt sofort um.

Tochter Hoppla!

Vater Das war nicht richtig. Versuchen wir es noch einmal.

Sie heben den Baum hoch, stellen ihn in den Ständer, aber der Baum kippt wieder um.

Tochter Hoppla!

Vater Nicht aufgeben. Versuchen wir es ein drittes Mal.

Sie heben den Baum wieder hoch, stellen ihn in den Ständer. Er kippt sofort um.

Tochter Hoppla!

Mutter *(Kommt mit dem Telefonbuch herein)* Es reicht jetzt. Ich rufe den Weihnachtsbaum-Notdienst an! Ihr schafft das ja doch heute nicht mehr.

Vater So'n Quatsch aber auch.

Mutter *(wählt auf dem Handy, spricht evtl. die Nummer dabei mit)* Hallo? Ist da der Weihnachtsbaum-Notdienst? Wir haben einen Notfall, ja, dringend. Können Sie bitte sofort zu uns kommen? Danke. Wie lange? Aha. Sehr gut. Bis dann.

Die Türglocke geht.

Tochter Was, so schnell? Ich mach auf!

Mehrere Engel kommen herein.

1. Engel Guten Tag. Wir kommen vom Weihnachtsbaum-Notdienst. Wo ist der Notfall?

Mutter *(zeigt auf den Baum)* Hier. Er fällt immer um.

2. Engel Kein Problem für uns.

3. Engel Darauf sind wir spezialisiert.

4. Engel Ganz klarer Fall.

5. Engel Dafür haben wir das entsprechende Werkzeug.

6. Engel Das haben wir schon oft gehabt.

7. Engel Routineangelegenheit.

8. Engel Also, fangen wir an.

Die Engel stellen sich vor den Baum und beginnen ihn zu bearbeiten. Das Publikum kann nicht sehen, was sie damit anstellen. Der Sohn kommt mit dem Kehrblech voller Scherben auf die Bühne.

Sohn Wo soll ich das ...?

Mutter Wie – wo soll ich das?

Sohn ... hintun.

Mutter *(genervt)* Kipp es auf dein Bett.

Sohn *(beleidigt)* Nicht mal eine richtige Antwort bekomme ich.

Vater Wie wäre es mit der Mülltonne?

Sohn Gute Idee. *(geht ab)*

Vater *(zu den Engeln)* Kann ich irgendwie behilflich sein?

5. Engel Nein, wir kommen schon zurecht.

3. Engel Gleich sind wir fertig.

1. Engel Gerade noch einen Augenblick, dann steht er.

Sohn *(kommt mit dem Kehrblech zurück)* Wo steht der Mülleimer?

Mutter Wo er immer steht.

Sohn Ach so. *(geht wieder ab)*

Vater *(geht ruhelos herum)* Ich hätte ihn so gerne selbst aufgestellt.

4. Engel So, wir sind fertig.

Alle Engel richten sich auf und treten zurück. Der Blick auf den Baum wird frei. Er ist jetzt ein Winzling von etwa 20 Zentimetern Höhe.

Vater *(schaut sich suchend um)* Wo ist denn der Baum?

Mutter Huch!

8. Engel Wir mussten ihn etwas stutzen. Aber er steht.

1. Engel Nun, wie haben wir das gemacht?

Mutter *(sarkastisch)* Phantastisch!

Vater *(entsetzt)* Ist ja wirklich 'ne Wucht.

Sohn *(kommt mit dem vollen Kehrblech herein, erblickt den Minibaum)* Was soll denn das sein? *(zeigt auf das Bäumchen)*

alle Engel Schöne Weihnachten und auf Wiedersehen. *(gehen ab)*

Vater *(ruft den Engeln hinterher)* Das hätte ich auch gekonnt!

1. Engel *(ruft zurück)* Warum haben Sie uns dann gerufen?

Mutter Na, nun wollen wir ihn halt schmücken. *(hängt eine Kugel an den Ast, das Bäumchen fällt sofort um)*

Tochter Hoppla!

ENDE

Warteschleife

Personen: Pilot, Copilot, Stewardess, Weihnachtsmann, Stimme des Fluglotsen vom Tower, 1. Passagier, 2. Passagier, 3. Passagier, beliebig viele weitere Passagiere

Requisiten: Tisch (Cockpit), Mikrophon, Stühle für die Passagiere, Robe für den Weihnachtsmann, Fluguniformen andeuten, Geräuschkulisse: Flugzeugmotor; sehr lauter Rumms

Im Flugzeug. Es ist Heiliger Abend, die Maschine soll landen. Alle wollen rasch nach Hause. Das Flugzeug befindet sich kurz vor dem Landeanflug.

Pilot Hoffentlich geht alles glatt. Ich will heute abend pünktlich zu Hause sein. Es gibt Würstchen mit Sauerkraut.

Copilot Du hast es gut. Bei uns zuhaus gibt es nur ein armes Würstchen – und das bin ich.

Pilot Da hat dein Hund bestimmt Freude mit dir.

Copilot Kann ich dir sagen.

Stewardess *(schaut ins Cockpit)* Und? Landen wir bald? Meine Familie wartet mit der Bescherung auf mich! Ich habe auch aus Bombay tolle Geschenke mitgebracht.

Copilot Man tut, was man kann. Keiner will Heilig-Abend im Flugzeug verbringen.

Pilot Nur noch ein paar Minuten. Sie können schon einmal die Fluggäste auf die Landung vorbereiten.

Stewardess *(zieht den Kopf zurück, greift zum Mikrophon)* Sehr verehrte Damen und Herren, liebe Fluggäste. Wir werden in Kürze auf dem Flughafen Riem landen. Legen Sie die Gurte an. Wir alle von der Lufthänselei danken für Ihr Vertrauen und wünschen Ihnen ein wunderschönes und frohes Weihnachtsfest!

Copilot Tower, Tower! Erbitten Landeerlaubnis für Flug Nummer 24-12.

Stimme Hier Tower. Kann leider keine Landeerlaubnis erteilen. Starker Nebel hier unten. Fliegen Sie eine Warteschleife und beachten Sie unsere weiteren Anweisungen.

Pilot Was? Das kann doch nicht wahr sein. Hallo, Tower!

Seid ihr übergeschnappt? Es ist Weihnachtsabend, wir wollen alle nach Hause! Bitte dringend um Landeerlaubnis!

Stimme Tut mir leid, da ist nichts zu machen. Bei dieser Nebelsuppe darf nicht einmal der Weihnachtsmann landen.

Copilot So ein Witzbold! Und was sollen wir jetzt machen?

Pilot Dein Hund wird eben noch etwas auf das Würstchen warten müssen.

Stewardess *(zu den Passagieren)* Achtung, eine Durchsage. Wegen dichten Nebels ist zur Zeit eine Landung ausgeschlossen. Wir müssen es uns hier oben noch etwas gemütlich machen. Die Fluggesellschaft gibt einen aus. Was möchten Sie trinken?

Passagiere *(durcheinander)* Wir wollen nichts trinken – Wir wollen nach Hause! – Ich glaube, mein Baum brennt! – Nicht mit mir, ich steige aus! – Das sag ich meinem Anwalt! – Das ist doch der Gipfel, Weihnachten in der Warteschleife! – Die denken wohl, sie können alles mit uns Kunden machen! – Wenn sie schon fliegen, sollen sie wenigstens für gutes Wetter sorgen! – Das sag ich meiner Mutter! – Früher war alles besser! – Die spinnen doch! – Fröhliche Weihnachten! *(und ähnliches)*

Stewardess *(beschwichtigend)* Aber meine Damen und Herren, so beruhigen Sie sich doch bitte! Der Nebel wird sich bestimmt bald lichten.

Es gibt einen lauten Rumms wie von einem Zusammenstoß. Das Flugzeug wackelt (pantomimisch darstellen), die Passagiere schreien vor Angst auf.

Copilot Achtung, Achtung! Es hat einen kleinen Zusammenstoß gegeben, aber es besteht keine Absturzgefahr.

Pilot *(schreit aufgeregt)* Ein unbekanntes Flugobjekt hat angedockt, jemand versucht einzudringen.

Copilot Alarm!

1. Passagier Mein Gott! Sind das Piraten?

2. Passagier Piraten! Luftpiraten entern das Flugzeug!

3. Passagier Was? Wir werden entführt? Um Himmelswillen!

Stewardess Bleiben sie ruhig! Atmen Sie tief durch! Möchte jemand die Sauerstoffmaske benutzen?

Der Weihnachtsmann stürzt herein. Er wirkt außer sich.

Weihnachtsmann Guten Abend zusammen! Bitte entschuldigen Sie die Störung, aber Sie sind meine letzte Rettung! Fast wären wir abgestürzt, meine Rentiere sind völlig erschöpft. Schon seit zwei Stunden fliegen wir diese dumme Warteschleife, weil wir wegen des Nebels nicht in Riem landen dürfen. Haben Sie vielleicht etwas Heu für die armen Tiere?

ENDE

Der Weihnachtshut

Personen:	Schneemann, Weihnachtsmann, Engel, 8 Kinder: Sandra, Conny, Gerlinde, Birte, Konrad, Manni, Ottokar, Adam
Requisiten:	Schneemannverkleidung, Besen, großer Kochtopf als Hut, rote Weihnachtsmann-Robe und -Mütze

Die Kinder haben einen Schneemann gebaut. Der wird jetzt geschmückt mit Mohrrübe und Knöpfen, einen Besen bekommt er auch in die Hand. Zuletzt setzen ihm die Kinder einen Kochtopf auf – als Hut.

Schneemann Aua! Au! Muss das denn so ein harter Topf sein? Eine Mütze wäre mir lieber.

Sandra Ein Schneemann hat niemals ...

Conny ... eine Mütze auf.

Gerlinde Eine Mütze wäre dir viel zu warm.

Birte Da würde dir das Hirn fortschmelzen.

Konrad Möchtest du ein Schneemann ohne Hirn sein?

Schneemann Nein.

Manni Na siehst du.

Ottokar Deshalb der Kochtopf.

Adam Zu einer Mohrrübe als Nase gehört ein Kochtopf als Mütze. Das war schon zu Omas Zeiten so.

Sandra Hier ist dein Besen.

Schneemann Wozu denn das? Soll ich etwa den Hof kehren?

Conny Das wäre keine schlechte Idee.

Schneemann *(klagend)* Ach, ich armer Schneemann. Da hat es doch mein Kollege besser. Der bekommt keinen Besen. Dafür eine schöne, weiche Mütze.

Der Weihnachtsmann tritt auf. An seiner Seite schwebt ein Engel. Der Weihnachtsmann scheint verärgert zu sein. Er macht ein trotziges Gesicht.

Weihnachtsmann *(zum Engel)* Und jedes Jahr setzen die mir da oben diese lächerliche Mütze auf den Kopf!

Engel Aber ...

Weihnachtsmann Ich habe diese rote Mütze satt. Viel besser wäre ein Strohhut.

Engel Aber doch kein Strohhut!

Weihnachtsmann Kann auch einer aus Filz sein.

Engel Was sollen denn da die Leute denken.

Weihnachtsmann Was die Leute denken, ist mir egal. Mir ist diese Mütze lästig. Ich würde alles dagegen eintauschen, und wenn es ein Kochtopf wäre.

Schneemann Kochtopf? Damit könnte ich dienen.

Weihnachtsmann *(erblickt den Schneemann, freut sich)* Schneemann, alter Freund! Lange nicht mehr gesehen! Wie geht's denn so?

Schneemann und Weihnachtsmann umarmen sich herzlich. Die Kinder scharen sich erstaunt um die beiden.

Konrad He, bist du wirklich der Weihnachtsmann?

Conny *(greift nach dem Mantel des Weihnachtsmannes)* Fühlt mal! So ein weicher, warmer Mantel.

Birte Wow, der Weihnachtsmann! Ich bin platt!

Ottokar Wenn ich das meiner Schwester erzähle, die glaubt das nie und nimmer!

Weihnachtsmann Da könnt ihr mal sehen, was für ein Glück ihr habt!

Gerlinde *(betrachtet den Engel)* Und du bist wirklich ein Engel?

Engel *(lacht)* Klar.

Gerlinde *(befühlt die Flügel)* Wow, echte Flügel!

Weihnachtsmann An uns ist alles echt, nicht wahr Engel?

Engel Klar.

Weihnachtsmann Echt ist auch diese dumme Mütze. *(zieht sie vom Kopf, wischt sich den Schweiß von der Stirn, stöhnt)*

Engel *(schaut auf die Armbanduhr, dann zum Weihnachtsmann)* Ich muss dich erinnern, dass wir es eilig haben! Die Rentiere sind vor den Schlitten gespannt. Wir müssen mit dem Verteilen der Geschenke beginnen, es dämmert schon!

Weihnachtsmann Ich eile ja schon. Tschüs, mein lieber Schneemann, auf Wiedersehen, Kinder! *(geht mit dem Engel ab, dreht sich dann um und kommt noch einmal zurück)* Hoppla, da habe ich eine Idee.

alle *(Kinder und Schneemann zusammen)* Was für eine Idee?

Weihnachtsmann Mir gefällt deine schöne Mütze, lieber Schneemann.

Schneemann Das ist keine Mütze. Das ist ein dämlicher Kochtopf.

Weihnachtsmann Nicht dämlich, sondern wunderschön. Hm. Könntest du dich davon trennen?

Schneemann Liebend gern! Ich muss nur etwas auf dem Kopf haben, sonst friere ich.

Weihnachtsmann Ich geb dir meine Mütze dafür.

Schneemann Gut, tauschen wir.

Weihnachtsmann Ja, tauschen wir.

Kinder Denk an dein Hirn, Schneemann!

Die Kopfbedeckungen werden ausgetauscht. Dann eilt der Weihnachtsmann froh und beschwingt davon. Die Kinder winken und rufen ihm hinterher. Dann verlassen sie gemeinsam mit dem Schneemann die Bühne. Nach einer Weile kommt der Engel zurück. Er schaut sich um. Der Weihnachtsmann kommt hintendrein; er ist außer Atem.

Engel Da bist du ja.

Weihnachtsmann *(Schaut an sich hinunter)* Da bin ich, ja.

Engel *(bleibt stehen, entsetzt)* Wie siehst du denn aus!

Weihnachtsmann Wieso? *(greift sich an den Topf auf dem Kopf)* Ist was nicht in Ordnung?

Engel Der Hut ...

Weihnachtsmann Das ist mein neuer Weihnachtshut. Echt italienisches Design.

Engel Wieso italienisch?

Weihnachtsmann Da drin sind früher einmal Nudeln gekocht worden.

ENDE

Der Stern von Bethlehem

Personen: Sprecher, Regisseur, Regieassistentin, Aufnahmeleiter, Kameramann, Tonmann, Maskenbildnerin, Experte für „special effects“, 5 Hirten, Josef, Maria, viele Schafe

Requisiten: Kamera, Kopfhörer, Taschenlampe, Leiter, Regiestuhl, Filmklappe und allerlei anderes für ein Filmstudioambiente, ein Berg Batterien (evtl. aus Pappe gezeichnet)

Im Filmstudio. Alle Schauspieler sind versammelt. Die Regie ist anwesend. Man bespricht sich. Der Sprecher stellt die Schauspieler kurz vor. Während er sie aufruft, verbeugen sich diese zum Publikum hin. Wenn gewünscht, kann man den Angehörigen des Filmteams Namen geben.

Sprecher Ist das eine Aufregung. Heute sollen die ersten Szenen für den Weihnachtsfilm „Der Stern von Bethlehem“ gedreht werden. Alle sind im Studio drei versammelt und fiebern den Dreharbeiten entgegen: der Regisseur – die Regieassistentin – der Aufnahmeleiter – der Kameramann – der Tonmann – die Maskenbildnerin – und ganz besonders erwähnen muss ich den extra aus Amerika eingeflogenen Experten für „special effects“.
Auch die Schauspieler sind pünktlich eingetroffen: die Hirten, Josef, Maria und unsere Schafe. Jetzt bitte ich um absolute Ruhe; wir beginnen nun mit den Dreharbeiten.

Regisseur Also, wir machen das alles wie gestern besprochen. Die Hirten hüten die Schafe, die Schafe blöken leise im Hintergrund. Der Stern von Bethlehem erscheint. Ist der Mann für Spezialeffekte aus Hollywood an seinem Platz?

Regieassistentin Steht schon auf der Leiter.

Regisseur Gut, dann können wir mit den Dreharbeiten beginnen.

Aufnahmeleiter Alles auf Anfang.

Kameramann Kamera läuft.

Tonmann *(mit Kopfhörern)* Ton läuft.

Regisseur Klappe!

Aufnahmeleiter Stern von Bethlehem, die Erste.

Die Schafe blöken laut: Mäh-bäh-mähähähä! Es ist ein ohrenbetäubender Krach. Der Tonmann reißt die Kopfhörer vom Kopf.

Regisseur *(schreit)* Aus!

Tonmann Das war viel zu laut!

Regisseur Ich sagte doch, die Schafe sollen l e i s e im Hintergrund blöken. Noch einmal von vorne.

Aufnahmeleiter Alles auf Anfang.

Kameramann Kamera läuft.

Tonmann Ton läuft.

Regisseur Klappe!

Aufnahmeleiter Stern von Bethlehem, die Zweite.

Maskenbildnerin Halt! Ein Schaf glänzt! *(geht zum Schaf und pudert es ab)*

Regisseur Kamera laufen lassen!

Kameramann Kamera läuft weiter.

Maskenbildnerin Fertig.

Regisseur Klappe!

Aufnahmeleiter Stern von Bethlehem, die Dritte.

Die Schafe blöken leise im Hintergrund. Der amerikanische Experte für „special effects" schaltet die Taschenlampe ein.

1. Hirte Es ist so dunkel

2. Hirte Ja, man sieht kaum die Hand vor Augen.

Regisseur *(schreit)* Aus! *(zum amerikanischen Experten für „special effects")* Sie sollen die Lampe erst einschalten, wenn der Hirte gesagt hat: „Ja, man sieht kaum die Hand vor Augen."

Experte Yes, I understand.

Regisseur Noch einmal von vorne!

Aufnahmeleiter Alles auf Anfang.

Kameramann Kamera läuft.

Tonmann Ton läuft.

Regisseur Klappe!

Aufnahmeleiter Stern von Bethlehem, die Vierte.

Die Schafe blöken leise im Hintergrund.

1. Hirte Es ist so dunkel.

2. Hirte Ja, man sieht kaum die Hand vor Augen.

Der amerikanische Experte für „special effects" schaltet die Taschenlampe ein.

3. Hirte Seht, dort! (zeigt auf den Experten) Ein Stern!

4. Hirte Er zeigt uns den Weg

5. Hirte Folgen wir ihm!

Josef und Maria erscheinen auf der Bühne und platzen unvorhergesehen mitten in die Szene.

Josef Wann sind wir denn endlich dran?

Maria Wir sitzen schon seit einer Ewigkeit in der Garderobe.

Regisseur *(schreit)* Aus! Maria und Josef, ihr habt die ganze Szene verdorben. Nun müssen wir alles von vorn drehen. *(Gemurre bei den übrigen Schauspielern)* Also noch einmal von vorn.

Aufnahmeleiter Alles auf Anfang.

Licht aus oder Vorhang zu – verdeutlicht werden soll, dass nun die Proben weitergehen und sich endlos hinziehen. Vorhang wieder auf, Licht an. Es bietet sich folgendes Bild: Die Hirten liegen auf dem Boden, die Schafe essen Butterbrote und trinken aus Pappbechern. Unter der Leiter des amerikanischen Experten für „special effects" liegt ein Haufen leerer Batterien. Alle sind sichtbar müde und erschöpft.

Aufnahmeleiter Alles auf Anfang.

Kameramann Kamera läuft.

Tonmann Ton läuft.

Regisseur Klappe!

Aufnahmeleiter Stern von Bethlehem, die Siebenundachtzigste.

1. Hirte Chef, mach mal den Stern an!

Der amerikanische Experte für „special effects" schaltet die Taschenlampe ein. Ein Schaf blökt lustlos im Hintergrund. Maria und Josef treten auf.

Maria Es ist ein Junge, Josef.

Josef Na, Gott sei Dank.

Regisseur Danke, das war's.

Aufnahmeleiter Alles im Kasten. Warum nicht gleich so.

ENDE

Stolz Verlag

Schneidhausener Weg 52, 52355 Düren, Tel. (02421) 5 79 79 info@stolzverlag.de

Deutsch

Der Schneemann im Kühlschrank
(Bildergeschichten) ab 3. Sj. *Nr. 143*

Mini-Bildergeschichten ab 2. Sj.
Wortschatz erweitern *Nr. 144*

Bildergeschichten zum Schmunzeln
ab 2. Sj. *Nr. 265*

Fröhliches Lesenüben mit Bildergeschichten ab 2. Sj. *Nr. 379*

10 Bildergeschichten zum Weiterdichten ab 4. Sj. *Nr. 288*

20 Geschichten zum Weitermalen
ab 2. Sj. *Nr. 255*

Lesen, Verstehen, Schreiben
Förderunterricht ab 2. Sj. *Nr. 103*

Satzbau Blödelmeister
Grammatik-Spiel bis 5. Sj. *Nr. 162*

Grammatik Grundwissen 3.– 6. Sj.
Band 1: **Wortlehre** *Nr. 060*
Band 2: **Satzlehre** *Nr. 061*

Grammatik-Stunde ab 5. Sj. *Nr. 062*

Mein Verben-Trainer ab 5. Sj. *Nr. 376*

Mein Deutsch-Trainer ab 5. Sj. *Nr. 311*

das oder dass-Trainer
13 Übungsschritte ab 5. Sj. *Nr. 174*

Handschrift-Trainer ab 5. Sj. *Nr. 354*

Damit du es lesen kannst
Gute Handschrift üben ab 2. Sj. *Nr. 360*

Humorvolle Gedichte im Unterricht
3. – 6. Sj. *Nr. 141*

Zehn Minuten täglich üben
Nachhilfe Deutsch ab 5. Sj. *Nr. 210*

Sachtexte lesen & verstehen
ab 5. Schuljahr *Nr. 106*

Besser lesen lernen mit Märchen, Sagen und Fabeln ab 2. Sj. *Nr. 276*

Spannender Lesespaß: Märchen
Kurztexte und Aufgaben *Nr. 067*

Leseübungen für jeden Tag
Trainingsprogramm 3. bis 8. Sj. *Nr. 232*

Das Schmunzel-ABC
Leseübungen von Anfang an *Nr. 063*

Erstes Lesen mit ABC Mandalas
Vorschule, Grundschule *Nr. 272*

Erstes Rechnen mit 123-Mandalas
Vorschule, Grundschule *Nr. 271*

Aufsatz

Aufsatz in der Grundschule ab 3. Sj.
Märchen & Fabeln *Nr. 309*
Fortsetzungsgeschichten *Nr. 310*
Reizwortgeschichten *Nr. 308*
Nacherzählen *Nr. 392*

Lernwerkstatt Aufsatz ab 5. Sj.
Erzählen und Fabulieren *Nr. 306*
Nacherzählung und Inhaltsangabe *Nr. 307*
Gegenstands- und Vorgangsbeschreibung *Nr. 302*
Protokoll, Exzerpt, Zusammenfassung *Nr. 305*

Aufsatz-Trainer 3.- 5. Sj. *Nr. 066*

So schreibe ich einen guten Aufsatz
ab 4. Schuljahr *Nr. 234*

Wortschatzübungen
11 Lektionen ab 3. Sj. *Nr. 270*

Lesetraining

ORIGINAL-LESETRAINING von Karin Pfeiffer
1. Schuljahr *Nr. 031*
2. Schuljahr *Nr. 032*
3. Schuljahr *Nr. 033*
4. Schuljahr *Nr. 034*
5. Schuljahr *Nr. 035*
6. Schuljahr *Nr. 036*
7. Schuljahr *Nr. 037*
8/9. Schuljahr *Nr. 287*

LESETRAINING-ÜBUNGSHEFTE:
1. Schulj. *Nr. 291* **5. Schulj.** *Nr. 295*
2. Schulj. *Nr. 292* **6. Schulj.** *Nr. 296*
3. Schulj. *Nr. 293* **7. Schulj.** *Nr. 297*
4. Schulj. *Nr. 294* **8./9. Sj.** *Nr. 298*

LRS überwinden mit Silbentraining
alle Altersstufen *Nr. 404*

LRS-Arbeitsheft
Begleitheft zu Nr. 404 *Nr. 405*

Kunst

Das malende Klassenzimmer
ab 5. Sj. *Nr. 345*

Kunstprojekte Kl. 5 – 10 *Nr. 378*

Klassenzimmerschmuck
Einfaches für alle Schuljahre *Nr. 349*

Freche Frösche Grundschule
Pfiffiger Klassenzimmerschmuck *Nr. 388*

Rechtschreiben

„5-Minuten-Diktate"
Beim Üben wieder Mut fassen!
2. Schuljahr *Best.-Nr. 017*
3. Schuljahr *Best.-Nr. 018*
4. Schuljahr *Best.-Nr. 019*
5. Schuljahr *Best.-Nr. 020*
6. Schuljahr *Best.-Nr. 021*
7. Schuljahr *Best.-Nr. 052*

Rechtschreiben kinderleicht
Trainer Grundschule *Nr. 332*

Besser rechtschreiben, fertig, los!
Trainer Sekundarstufe *Nr. 336*

Zwillingsdiktate 2. bis 6. Sj. *Nr. 375*

Schmunzeldiktate GS *Nr. 389*

Schmunzeldiktate SEK *Nr. 373*

das oder dass-Trainer
13 Übungsschritte ab 5. Sj. *Nr. 174*

Lektüren/Arbeitshefte

Der Buchstabenvogel ab 1. Sj.
Mufti, der kleine freche Dino ab 1. Sj.
Wie die Katze zum K kam ab 1. Sj.
Schnapp und das Abc ab 1. Sj.
Sofie macht Geschichten ab 1. Sj.
Der Findefuchs ab 2. Sj.
Hanno malt sich einen Drachen
ab 2. Schuljahr
Die Olchis sind da ab 2. Sj.
Die Sockensuchmaschine ab 2. Sj.
Igel, komm, ich nehm dich mit
ab 2. Schuljahr
Das Schlossgespenst 2./3. Sj.
Das Vamperl ab 3. Sj.
Ben liebt Anna ab 3. Sj.
Mein Freund Ringo ab 3. Sj.
Der Tigei (Annas frecher Tintengeist)
ab 3. Schuljahr
Umsonst geht nur die Sonne auf
ab 3. Schuljahr
Sonst bist du dran ab 3./4. Sj.
Ich bin ein Stern ab 5. Sj.
Starker-Sohn und Schwester ab 4. Sj.
Rennschwein Rudi Rüssel ab 5. Sj.
Die Sonne bleibt nicht stehen
ab 5. Schuljahr
Insel der blauen Delphine ab 6. Sj.
Hau ab, du Flasche! ab 8. Sj.